DU PRIX DE REVIENT DES MACHINES

EN FRANCE, EN ANGLETERRE, EN ALLEMAGNE

CONCLUSIONS

AU POINT DE VUE

DE L'IMPORTATION ET DE L'EXPORTATION

PAR

M. S. PÉRISSÉ

Ingénieur, E. C. P., Membre du Comité de la Société des Ingénieurs civils,
Membre du Jury (Mécanique) à l'Exposition universelle de 1878 et à l'Exposition d'Amsterdam 1883,
Expert près les Tribunaux de la Seine.

EXTRAIT DES MÉMOIRES DE LA SOCIÉTÉ DES INGÉNIEURS CIVILS

PARIS

LIBRAIRIE POLYTECHNIQUE DE J. BAUDRY, ÉDITEUR
15, RUE DES SAINTS-PÈRES, 15

1884

DU PRIX DE REVIENT DES MACHINES
EN FRANCE, EN ANGLETERRE, EN ALLEMAGNE

CONCLUSIONS

AU POINT DE VUE

DE L'IMPORTATION ET DE L'EXPORTATION

Par M. **S. PÉRISSÉ,**

Ingénieur, E. C. P., Membre du Comité de la Société des Ingénieurs civils,
Membre du Jury (Mécanique) à l'Exposition universelle de 1878 et à l'Exposition d'Amsterdam 1883,
Expert près les Tribunaux de la Seine.

Extrait des Mémoires de la Société des Ingénieurs civils

En notre qualité de secrétaire-rapporteur de la classe de la mécanique à l'exposition internationale d'Amsterdam, nous avons présenté à M. le Ministre du commerce, à la date du 31 octobre 1883, une étude comparative traitant de questions industrielles et commerciales se rattachant à la construction des machines en France et dans les pays voisins.

L'enquête parlementaire qui se poursuit en ce moment, nous a fait penser que nous devions y apporter notre modeste concours. C'est pourquoi, et après en avoir obtenu l'autorisation de M. le Ministre, nous publions notre étude.

Nous l'apportons à la Société des Ingénieurs civils, dont la haute compétence dans les questions d'économie industrielle n'est plus à démontrer. La Société pensera avec nous, nous en sommes convaincu, qu'elle doit faire entendre aussi sa voix sur la situation économique du pays et sur les réformes qu'elle croit utiles.

Nous nous proposons d'étudier les conditions dans lesquelles se trouvent les constructeurs-mécaniciens des quatre pays voisins, la

France, l'Angleterre, l'Allemagne et la Belgique, au point de vue du prix de revient de leurs machines.

Nous rechercherons pour quelles causes, les constructeurs anglais, allemands et belges, peuvent vendre leurs produits à meilleur marché que les constructeurs français. Nous nous efforcerons de chiffrer aussi exactement que possible, l'influence que ces diverses causes exercent sur le prix de revient des principaux appareils mécaniques de l'industrie.

Mais avant d'entrer dans cette étude comparative, qu'il nous soit permis de rappeler, en les résumant, le nombre des exposants et des récompenses, dont le tableau général se trouve dans le rapport que nous avons remis au Jury du groupe VII en notre qualité de secrétaire-rapporteur de la classe 42.

La classe 42 comprenait 380 exposants de 10 nationalités, parmi lesquels :

Exposants français	70
— anglais	46
— allemands	119
— belges	86
— autres pays	59
Total	380

Voici le tableau des plus hautes récompenses :

	Diplômes d'honneur.	médailles d'or.
Exposants français	9	21
— anglais	2	8
— allemands	4	19
— belges	4	15
— autres nationalités	7	11
Totaux	26	74

La France a donc obtenu :

Neuf diplômes d'honneur, c'est-à-dire 35 pour 100 ;

Vingt et une médailles d'or, c'est-à-dire 28 pour 100.

Alors que, si les récompenses eussent été réparties proportionnellement au nombre des exposants, la France n'eût obtenu que 18 pour 100 des récompenses.

Ces chiffres ont leur éloquence; ils démontrent que, dans la lutte internationale d'Amsterdam, les machines françaises ont été classées les premières pour l'ingéniosité de leurs dispositions et pour leur bonne exécution.

Mais pour le **PRIX DE REVIENT**, la France n'arrive qu'en quatrième ligne.

Cette infériorité tient tout d'abord à trois causes :

1° le prix plus élevé des houilles et leur moins bonne qualité ;

2° Le prix plus élevé de la main-d'œuvre par rapport à l'Allemagne et à la Belgique ;

3° Les dépenses de transports plus élevées.

Il y a une quatrième cause qui tient à la différence des frais généraux ; mais nous l'avons mise à part, parce qu'elle n'est pas de nature à être justifiée d'une façon aussi précise que les trois autres causes.

Nous allons donc nous rendre compte d'abord de l'influence que la *houille*, la *main-d'œuvre* et les *transports*, exercent sur le prix de revient des machines construites en France, par rapport à celles qui sortent des ateliers d'Angleterre et d'Allemagne. Nous ne donnerons pas de chiffres pour la Belgique, parce qu'ils sont compris entre les prix français et les prix allemands pour les houilles et la main-d'œuvre ; les frais de transports sont sensiblement les mêmes que ceux d'Allemagne.

Tout d'abord nous allons donner la décomposition du prix de revient en France de neuf catégories de machines ou appareils les plus employés dans l'industrie.

LOCOMOTIVE
Mixte à grande vitesse à 6 roues dont 4 couplées

	POIDS	PRIX les 100 kil.	PRIX TOTAUX
	kil.	fr.	fr.
Acier coulé ou laminé..........................	5.260	43 »	2 260
Acier pour pièces forgées....................	350	35 »	120
Bronze...	920	287 »	2.740
Cuivre et laiton...............................	2.960	220 »	6.450
Fers laminés et tôles........................	12.300	43 »	5.290
Fers pour pièces forgées.....................	13.000	40 »	5.200
Fonte...	4.400	33 »	1.450
Bois (0 m 48)..................................	200		60
Matières	39.390	60 »	23.570
Le poids net d'une locomotive étant de..............	30.300		
Le déchet est (23 % du poids brut).................	9.090		
Le prix de revient des matières par 100 kilog. poids net.		78.00	
Main-d'œuvre.... { pour grosse forge.... 2.200 fr. / ajustage, montage, etc. 8.100 }		33.50	10.300
Diverses fournitures, cémentation, peinture, modèles, etc.		4.50	1.300
Charbon (environ 80 tonnes)......................		4.50	1.300
Frais généraux, 100 % de la main-d'œuvre		33.50	10.300
Prix de revient........	30.300	154 »	46.770
Bénéfice, alea et rémunération du capital 8 à 9 %.....		13 »	3.930
Pour une locomotive vendue et livrée aux ateliers.....	30 300	167 »	50.700

TENDER
Pour locomotive mixte grande vitesse

	POIDS	PRIX les 100 kil.	PRIX TOTAUX
	kil.	fr.	fr.
Acier coulé.....	1.030	40 »	440
Acier pour pièces forgées.....................	130	35 »	45
Bronze..	100	240 »	240
Cuivre et laiton................................	30	220 »	65
Fers laminés et tôles..........................	5.300	32 »	1.700
Fers pour pièces forgées.......................	4.600	35 »	1.600
Fonte..	1.000	33 »	330
Bois (0 m 65)..................................	250		90
Matières	12.440	36 »	4.480
Le poids net d'un tender étant de..................	10.800		
Le déchet est (environ 13 % du poids brut).........	1.640		
Le prix de revient des matières pour 100 kilogs livrés.		41.50	
Main-d'œuvre.... { pour grosse forge...... 600 fr. / pour divers......... 1.750 }		21.60	2.350
Diverses fournitures, modèles et peinture...........		4.70	570
Charbon (environ 18 tonnes).....................		3 »	300
Frais généraux		21.50	2.350
Prix de revient........	10.800	92.40	10 050
Bénéfice, alea, et rémunération du capital 9 à 10 %....		86.0	950
Pour un tender vendu...........................	10.800	101 »	11.000

GÉNÉRATEUR DE VAPEUR A BOUILLEURS

de 75 mètres carrés de chauffe, avec accessoires et appareils de sûreté.

	POIDS.	PRIX les 100 kilog.	PRIX. TOTAUX.
	kil.	fr.	fr.
Fers laminés et tôles....................	11.200	36 »	4.115
Fers pour pièces forgées.................	1.000	36 »	360
Fonte...................................	6.500	23.50	1.530
Bronze..................................	30	330 »	100
Cuivre et laiton........................	26	210 »	55
Matières...........	18.756	32.80	6 160
Le poids net de la chaudière étant de....	17.600		
Le déchet est (environ 6 p. 100 du poids brut)........	1.156	35 »	
Le prix de revient des matières pour 100 kilog. net est..			
Main-d'œuvre...... { pour forge.......... 130. { travail, rivetage, etc.. 1,070. }		6.80	1.200
Divers et peinture		1 »	50
Charbon (environ 6 tonnes)..............			100
Frais généraux (90 p. 100 de la main-d'œuvre)........		6 »	1.080
Revient............	17.600	48.80	8.590
Bénéfice, alea et rémunération du capital 15 à 18 p. 100.		8.20	1.410
Vente.............	17.600	57 »	10 000

GÉNÉRATEUR TUBULAIRE

de 160 mètres carrés de chauffe, avec tubes en fer de 70 millimètres de diamètre et 5 mètres de longueur, timbré 5.1/2, avec accessoires et appareils de sûreté.

	POIDS.	PRIX les 100 kilog	PRIX TOTAUX.
	kil.	fr.	fr.
Fers laminés et tôles....................	10.000	32.50	3.250
Fers pour pièces forgées.................	6.000	36 »	2.160
Fonte...................................	3.100	23.50	730
Bronze..................................	82	280 »	230
Cuivre et laiton........................	10	4 »	40
Matières...........	19.192	33.40	6.440
Le poids net de la chaudière étant de....	16.300		
Le déchet est (environ 15 p. 100 du poids brut)........	2.892	39 »	
Le prix de revient des matières pour 100 kilogr. net est.			
Main-d'œuvre...... { pour forge.......... 700. { travail, rivetage, etc.. 2,200. }		18 »	2.900
Divers et peinture		0.60	100
Charbon (environ 20 tonnes).............		2 »	330
Frais généraux (90 p. 100 de la main-d'œuvre)........		16 »	2.600
Revient............	16.300	75.60	12.340
Bénéfice, alea et rémunération du capital 15 à 18 p. 100.		14.40	2.160
Vente.............	16.300	90 »	14.500

MACHINE A VAPEUR HORIZONTALE D'ENVIRON 30 CHEVAUX

avec arbre coudé et deux volants, à détente variable sans condensation.

	POIDS	PRIX les 100 kilog.	PRIX TOTAUX
	kil.	fr.	fr.
Bronze.	250	270 »	670
Fers laminés et tôles.	120	25 »	30
Fers pour pièces forgées	1.500	40 »	600
Fonte.	7.300	26 »	1.900
MATIÈRES.	9.170	35 »	3.200
Le poids net de la machine étant de.	7.900		
Le déchet est (14 pour 100 du poids brut).	1.270		
Le prix de revient des matières pour 100 kilogr. net.		40 »	
Main-d'œuvre.. { pour forge 370 } { ajustage, montage, etc. 1330 }		21.25	1.700
Diverses fournitures, modèles et peinture.		1.50	100
Charbon (environ 12 tonnes).		3 »	200
Frais généraux (100 pour 100 de la main-d'œuvre).		21.25	1.700
REVIENT.	7.900	87 »	6.900
Bénéfice, alea rémunération du capital 15 à 18 p. 100.		14 »	1.100
VENTE.	7.900	101 »	8.000

MACHINE A VAPEUR HORIZONTALE DE 200 A 250 CHEVAUX

à bâti latéral, à déclic, à tiroirs et à condensation
(type de machine perfectionnée).

	POIDS	PRIX les 100 kilog.	PRIX TOTAUX
	kil.	fr.	fr.
Acier laminé (qualité spéciale).	65	155 »	100
Acier pour pièces de forge	5.000	35 »	1.750
Bronze.	1.550	260 »	4.030
Cuivre et laiton.	60	200 »	120
Fers laminés et tôles	700	29 »	200
Fers pour pièces de forge.	8.000	38 »	3.040
Fonte.	52.600	27 »	14.250
Caoutchouc et cuir	26	570 »	150
Bois divers 6ᵐ,70.	1.620	—	1.100
MATIÈRES.	69.621	35.50	24.740
Le poids net de la machine étant de.	62.250		
Le déchet est (10 1/2 pour 100 du poids brut).	7.371		
Le prix de revient des matières pour 100 kil. net est.		40 »	
Main-d'œuvre.. { pour forge 2000 } { ajustage, montage, etc. 10250 }		19.50	12.250
Diverses fournitures, modèles, peinture.		5 »	3.100
Charbon (environ 80 tonnes).		2 »	1.300
Frais généraux.		19.50	12.250
REVIENT.	62.250	86 »	53.640
Bénéfice, alea et rémunération du capital 15 à 18 p. 100.		14 »	8.360
VENTE.	62.250	100 »	62.000

POMPE CENTRIFUGE

débitant environ 5 mètres cubes par minute.

	POIDS	PRIX les 100 kilog.	PRIX TOTAUX
	kil.	fr.	fr.
Fonte.....................................	635	30 »	190
Acier.....................................	20	40 »	8
Bronze....................................	11	220 »	24
Métal antifriction.........................	6	300 »	18
Fer pour boulons, clavettes, etc.............	20	35 »	7
MATIÈRES.....	692	36 »	247
Le poids de la pompe est de	630		
Déchet (9 pour 100 du poids brut)...........	62		
Le prix de revient des matières pour 100 kil. net est de.		39.30	
Main-d'œuvre.............................		45.50	98
Charbon (environ 500 kil.)..................		1.70	8
Frais généraux............................		45.50	98
REVIENT......	630	72 »	451
Bénéfice, alea et rémunération du capital 20 p. 100..		14 »	89
VENTE......	630	86 »	540

PETITE MACHINE-OUTIL

de fabrication soignée.

	POIDS	PRIX les 100 kilog.	PRIX TOTAUX
	kil.	fr.	fr.
Fonte....................................	1.250	33 »	412
Fer......................................	250	30 »	75
Bronze	52	220 »	115
Diverses fournitures......................	5	—	40
MATIÈRES......	1.557	41.40	642
Le poids net de la machine est de	1.300		
Le déchet (17 pour 100 du poids brut)........	257		
Le prix de revient des matières pour 100 kil. net est,		49.50	
Main-d'œuvre.............................		36.50	470
Diverses fournitures, modèles, etc...........		4.50	60
Charbon (environ 3 tonnes)		4 »	50
Frais généraux		36.50	470
REVIENT......	1.300	131 »	1.692
Bénéfice, alea et rémunération du capital 20 p. 100..		27 »	358
VENTE......	1.300	158 »	2.050

Nota. Les machines de filature et de tissage peuvent être assimilées, comme composition et comme prix de revient, à la machine-outil qui précède et à celle qui suit.

MACHINE-OUTIL
de fabrication ordinaire

	POIDS	PRIX les 100 kilog.	PRIX TOTAUX
	kil.	fr.	fr.
Fonte..	3.550	30 »	1.065
Fer...	200	30 »	60
Bronze...	60	220 »	132
Matières.....	3.840	33 »	1.257
Le poids de la machine est de....................	3 500		
Le déchet est (8 pour 100 du poids brut)..........	310		
Le prix de revient des matières pour 100 kilos net est.		36 »	
Main-d'œuvre.....................................		20 »	700
Diverses fournitures, modèles, etc..............		2 »	75
Charbon (4 tonnes 1/2)...........................		2 »	75
Frais généraux...................................		20 »	700
Revient........	3.500	80 »	2.807
Bénéfice, alea et rémunération du capital 18 à 20 p. 100.		16 »	543
Vente.....	3.500	96 »	3.350

Après avoir ainsi donné les prix de revient détaillés des principaux appareils mécaniques, nous allons examiner successivement les trois causes d'infériorité que nous avons signalées, *la houille, la main-d'œuvre*, et *le transport*. Nous examinerons ensuite les frais généraux.

Houille.

Les gisements de houille en France, en Angleterre et en Allemagne, sont dans des conditions bien différentes, puisque le prix du charbon sur le carreau de la mine est deux fois plus élevé en France que dans les deux autres pays. La houille brute vaut en effet de 10 fr. 50 à 13 francs. sur les exploitations françaises ; tandis qu'en Angleterre et dans le grand bassin houiller de la Rühr, la houille ne vaut que de 5 à 6 francs. On peut donc admettre les prix moyens de 11 fr. 50 en France et de 5 fr. 50 dans les deux autres pays. La différence est de 6 francs par tonne qui représente 54 pour 100 du prix à la mine française.

Le bas prix des houilles anglaises et allemandes s'explique tant par la disposition géologique des couches que par leur puissance et par la nature du combustible.

Dans les deux pays voisins, grâce à des conditions naturelles très favorables, on exploite des gisements, qui fournissent les houilles beaucoup plus pures qu'en France, avec une proportion de gailleterie beaucoup plus grande.

Le gros charbon, qui est surtout destiné à la consommation domestique, se vend à un prix très rémunérateur ; il trouve un écoulement plus assuré et indépendant dans tous les cas, des fluctuations du marché industriel, de sorte que la houille menue ou la houille brute qui alimente ce dernier marché peut lui être fournie à un très bas prix, qui laisse encore un certain bénéfice, puisque le prix de revient brut n'est que de 4 francs à 4 fr. 50 la tonne.

Le bassin houiller de la Rühr est certainement le plus important des bassins de l'Europe continentale. Il s'étend principalement sur la rive droite de la Rühr jusqu'au Rhin sur une longueur de 70 à 75 kilomètres avec une largeur de 20 kilomètres. On extrait annuellement 20 à 25 millions de tonnes de houille ; les 2/3 sont consommés sur place et l'autre tiers est exporté jusqu'à Paris et jusque dans la Méditerranée. Le charbon de la Rühr, comme le charbon anglais, ne contient après lavage que 4 à 6 pour 100 de cendres, tandis que le charbon français en contient presque le double. C'est là un point très important quand il s'agit de houilles à coke, pour le service des hauts fourneaux. La qualité et le bas prix des cokes allemands leur permet d'aller au loin, en Luxembourg et en France, malgré l'importance relative du transport.

Il est admis aujourd'hui que pour produire une tonne de fer laminé il faut consommer 4 à 5 tonnes de houille brute dite menu sortant. Pour une tonne d'acier laminé la consommation de houille est moindre ; elle est de 3 1/2 à 4 tonnes. Ces quantités seraient un peu plus faibles en France, où les appareils de chauffage sont plus soignés et plus économiques, mais, par contre, la plus grande teneur en cendres des houilles françaises ramène la consommation au même chiffre.

Il est facile avec les données qui précèdent de chiffrer la dépense en houille dans les trois pays pour produire une tonne de fer marchand ou d'acier laminé.

Fer. En France 5 tonnes à 11 fr. 50. . . . . = 57ᶠ 50
— En Angleterre et en Allemagne 5 tonnes à 5 fr. 50. . . = 27 50

Différence 30ᶠ 00

Acier. En France 4 tonnes à 11 fr. 50 . . . . = 46ᶠ 00
— En Angleterre et en Allemagne 4 tonnes à 5 fr. 50. . = 22 00

Différence 24ᶠ 00

Il y a donc une surcharge, pour les fers et les aciers français, de 30 francs et de 24 francs par tonne de produit fini de qualité ordinaire. Cette surcharge est plus élevée pour les fers et pour les aciers entrant dans la construction des machines ; on prend en effet le plus généralement des qualités supérieures qui exigent une plus grande dépense de combustible soit environ un tiers en plus.

La dépense en plus en houille est donc de :

Pour les fers entrant dans la construction des machines françaises, de 40 francs par tonne.

Pour les aciers moulés ou forgés, la différence est de 32 francs par tonne.

Pour la fonte moulée, la consommation par tonne est de environ 3 tonnes à 3 tonnes 1/2 de houille, qui à raison de 6 francs de différence par tonne représente une surcharge de 20 francs pour les moulages français.

Enfin pour les pièces de bronze, on peut admettre une consommation double de celle des moulages en fonte de fer, c'est-à-dire une surcharge de 40 francs par tonne, pour les bronzes français.

Nous avons maintenant tous les éléments pour déterminer le supplément de dépense qu'il faut faire en France pour les machines dont nous avons donné plus haut la décomposition du prix de revient. Cet excès de dépense a été calculé d'après le prix de la houille sur le carreau de la mine, sans tenir compte de la plus-value du transport, puisqu'il y a plus loin un chapitre spécial sur cette question de transport.

1° LOCOMOTIVE.

Acier	5,600 kilog.	à 32 fr. de surcharge		179ᶠ 20
Bronze et cuivre	3,900 —	à 40 »	—	156 »
Fer	25,300 —	à 40 »	—	1,012 »
Fonte	4,400 —	à 20 »	—	88 »
Charbon pour le travail mécanique 80 tonnes à 6 fr. de surcharge				480 »

Différence.   1,915 20

Le prix de revient de la locomotive étant de 46,770 francs, cette différence représente environ 4 pour 100 de ce prix de revient.

2° TENDER.

Acier	1,160 kilog.	à 32 fr. de surcharge		37 fr.
Bronze et cuivre	130 —	à 40 »	—	5 »
Fer	9,900 —	à 40 »	—	396 »
Fonte	1,000 —	à 20 »	—	20 »
Charbon spécial, 18 tonnes		à 6 »	—	108 »
			Différence.	566 »

Cette différence est de 566 francs, est égale à 5, 6 pour 100 du prix de revient.

3° GÉNÉRATEUR A BOUILLEURS.

Fer	12,200 kilog.	à 40 fr. de surcharge		488 fr.
Fonte	6,500 —	à 20 »	—	130 »
Bronze	50 —	à 40 »	—	2 »
Charbon spécial, 6 tonnes		à 6 »	—	36 »
			Différence.	656 »

Représentant 7 1/2 pour 100 du prix de revient.

4° GÉNÉRATEUR TUBULAIRE.

Fer	16,000 kilog.	à 40 fr. de surcharge		640 fr.
Fonte	3,100 —	à 20 »	—	62 »
Bronze	100 —	à 40 »	—	4 »
Charbon spécial, 20 tonnes		à 6 »	—	120 »
			Différence.	826 »

Qui est égale à 6, 7 pour 100 du prix de revient.

5° PETITE MACHINE A VAPEUR.

Fer	1,620 kilog.	à 40 fr. de surcharge		65 fr.
Fonte	7,300 —	à 20 »	—	146 »
Bronze	250 —	à 40 »	—	10 »
Charbon spécial, 12 tonnes		à 6 »	—	72 »
			Différence.	293 »

Qui est égale 4, 2 pour 100 du prix de revient.

6° GROSSE MACHINE A VAPEUR.

Acier	5,000 kilog.	à 32 fr. de surcharge		160 fr.
Bronze, etc.	1,600 —	à 40 »	—	64 »
Fer	8,700 —	à 40 »	—	348 »
Fonte	52,600 —	à 20 »	—	1,052 »
Charbon spécial, 80 tonnes		à 6 »	—	480 »
			Différence.	2,104 »

Qui est égale à 4 pour 100 de 53,640 francs, qui est le prix de revient.

7° POMPE CENTRIFUGE.

Fonte	635 kilog.	à 20 fr. de surcharge		12ᶠ 75
Acier	20 —	à 32 »	—	65
Bronze et fer	40 —	à 40 »	—	1 60
Charbon spécial	500 —	à 6 »	—	3 »
			Différence.	18 fr.

Qui est de 4 1/2 pour 100 du prix de revient.

8° PETITE MACHINE-OUTIL.

Fonte	1,250 kilog.	à 20 fr. de surcharge		25 fr.
Fer et bronze	300 —	à 40 »	—	12 »
Charbon spécial, 3 tonnes		à 6 »	—	18 »
			Différence.	55 »

Qui est égale à 3 pour 100 du prix de revient.

9° MACHINE-OUTIL ORDINAIRE.

Fonte	3,550 kilog.	à 20 fr. de surcharge		71 fr.
Fer et bronze	260 —	à 40 »	—	10 40
Charbon spécial, 4 tonnes 1/2		à 6 »	—	27 »
			Différence.	108 40

Qui est égale à 3, 8 pour 100 du prix de revient.

En résumé, la surcharge en houille pour les machines françaises varie de 3 à 7 1/2 pour 100 du prix de revient avec une moyennne de 4, 8 pour 100.

Main-d'œuvre

La main-d'œuvre est beaucoup plus élevée en France et en Angleterre que dans les autres pays industriels voisins, la Belgique et l'Allemagne.

En France, depuis quelques années, les bons ouvriers mécaniciens gagnent en moyenne 0 fr. 60 l'heure et les mécaniciens ordinaires gagnent 0 fr. 375 à 0 fr. 45. — Pour établir cette moyenne nous avons considéré les prix dans les quatre principaux centres de l'industrie mécanique : les départements du Nord, de la Seine-Inférieure et du Rhône et la banlieue de Paris. Nous avons laissé de côté, la ville de Paris dans laquelle les prix de main-d'œuvre sont de 25 pour 100 au-dessus. Nous n'avons pas fait entrer non plus en ligne de compte les ouvriers supérieurs qui, à la journée ou au marchandage, arrivent à des salaires exceptionnels.

La moyenne générale pour la France s'établit donc comme suit :

1 mécanicien	0ᶠ 600
1 aide	0 450
1 autre aide	0 375
Pour l'équipe de trois ouvriers.	1ᶠ 425

Soit une moyenne par journée de dix heures . . . 4 75

C'est sur cette moyenne que sont basés les chiffres de main-d'œuvre portés aux précédents prix de revient.

En Allemagne, les ouvriers mécaniciens gagnent en moyenne, par journée de dix heures, 3 marks à 3 marks 1/2 ; les aides, seulement 2 marks à 2 marks 1/4, la moyenne s'établit donc de la manière suivante en laissant de côté la ville de Berlin :

1 mécanicien	3ᵐ25
2 aides	4 25
Pour l'équipe par jour.	7ᵐ50

Soit en moyenne par jour de dix heures, 2 marks 1/2 qui équivalent à 3 fr. 15.

La différence du prix de la main-d'œuvre pour la construction des machines en France et en Allemagne s'établit ainsi :

Prix moyen en France. 4ᶠ75
— en Allemagne 3 15
Différence . . 1ᶠ60

Cette différence représente 34 pour 100 du prix payé en France, et environ 50 pour 100 du prix payé en Allemagne. Nous payons donc nos ouvriers une fois et demi plus cher.

On peut admettre que depuis ces dernières années, la main-d'œuvre est au même prix en France et en Angleterre. Il ne faut pas oublier, en effet, que la main-d'œuvre est restée stationnaire en Angleterre depuis quelques années, tandis qu'elle a augmenté en France de 20 à 25 p. 100 depuis 10 ou 15 ans.

En Belgique, le prix de la main-d'œuvre est compris entre ceux de la France et de l'Allemagne.

Nous pouvons maintenant déterminer, pour les neuf catégories de machines, les plus-values ou surcharges payées en France par la main-d'œuvre de mécanique, comparativement à l'Allemagne. Cette surcharge est, nous l'avons vu plus haut, de 34 pour 100 du prix payé en France.

En effectuant les calculs, on arrive au tableau suivant qui donne les chiffres de main-d'œuvre spéciale dans les ateliers de construction de machines, sans remonter plus haut dans le compte de la main-d'œuvre. Le compte exact en serait, pour ainsi dire impossible, car, tout produit, quel qu'il soit, a donné lieu à une dépense en main-d'œuvre relativement grande.

DÉSIGNATION DES MACHINES.	MAIN-D'ŒUVRE spéciale de mécanique.		SURCHARGE.	
	Par machine française.	En centièmes du prix de revient de la machine.	Par machine.	En centièmes du prix de revient de la machine.
	fr.	%	fr.	%
Locomotive	10.300	22	3.500	7.5
Tender	2.350	23 1/2	800	8.0
Générateur à bouilleurs	1.200	14	408	4.7
Générateur tubulaire	2.900	24	986	8.2
Petite machine à vapeur	1.700	24	578	8.2
Grosse machine à vapeur	12.250	23	4.165	7.8
Pompe	98	21 1/2	33	7.1
Petite machine-outil	470	27 1/2	160	9.3
Machine-outil ordinaire	700	23	238	8.5
Totaux	31.968		10.868	

Les prix de revient que nous avons fournis, indiquent, que la main-d'œuvre entre pour une part qui varie de 14 à 27 1/2 pour 100, mais qui est le plus souvent très voisine de 23 pour 100, puisque le chiffre moyen est exactement de 22,7. Cette main-d'œuvre ne comprend pas celle qui a servi à la préparation des matières, de qualité non ordinaire (fers, aciers, pièces brutes en fonte ou en bronze), qui sont considérées par le mécanicien comme des matières premières.

La surcharge de main-d'œuvre spéciale pour les fabricants français représente une moyenne de 7,7 pour 100 du prix de revient total des machines.

Il n'est pas inutile d'observer, que, dans nos hypothèses, les ouvriers ont passé le même temps et ont mis la même ardeur dans les trois pays, pour la mise en œuvre des machines et appareils. Nous n'avons donc tenu compte que du prix différent des salaires et nous avons supposé une production égale pour les ouvriers de chaque pays. Cette hypothèse doit être admise, pour le cas qui nous occupe, parce que le travail des métaux se fait aujourd'hui presque exclusivement avec les machines-outils. Le travail mécanique supprime donc en grande partie la supériorité de l'ouvrier. C'est la perfection de la machine-outil et de l'étude de la disposition, qui est la première condition de la perfection du produit. L'habileté de l'ouvrier n'arrive qu'en seconde ligne.

Les avantages de l'outillage mécanique ont pour contre-partie l'inconvénient d'une trop grande production, parce que les améliorations successives apportées aux machines-outils, ont pour conséquence d'augmenter toujours la production. Il y a malaise parce qu'il n'y a plus équilibre avec la consommation.

Transports.

Le prix de revient des machines françaises est grevé par une dépense plus grande en transports, principalement pour la fabrication des métaux bruts entrant dans la composition des machines.

Cet excédent de frais de transport provient principalement de la position des forges françaises par rapport aux lieux de production des matières premières qui les alimentent.

En effet, les tarifs de transport par tonne kilométrique sur les voies ferrées sont très peu différents en France, en Angleterre, en Belgique et en Allemagne, en exceptant toutefois les tarifs pour le transport des machines et pour celui des objets ayant un fort poids indivisible. Pour ces derniers et pour les machines, les tarifs français sont bien plus élevés ; mais pour les houilles, pour les minerais, pour les fers, les fontes, etc., les tarifs présentent de faibles différences, et bien souvent on trouve en France, pour les matières premières, un tarif kilométrique plus réduit que dans les pays industriels voisins.

Toutefois les industriels allemands sont favorisés au point de vue des tarifs sur les voies ferrées. On applique, en effet, dans bien des directions convergeant vers le bassin de la Rühr, le pfennig-tarif (1 pfennig par quintal et par mille allemand) qui correspond à 3,3 centimes par tonne et par kilomètre. Ce tarif s'applique aux minerais, aux houilles, aux cokes, aux fers et fontes bruts et aux matières premières en général. Il existe même dans quelques directions, des tarifs à 2 centimes environ pour favoriser l'importation et l'exportation de certaines matières premières.

Mais ce ne sont pas les différences dans les tarifs sur les voies ferrées qui grèvent surtout la production des machines et des métaux français. C'est, nous l'avons dit, la position géographique de nos centres industriels par rapport aux lieux de production des matières premières et par rapport à la mer par où arrivent à bon marché lesdites matières.

Examinons brièvement quelle est la situation dans les quatre pays industriels.

En Angleterre, les houilles sont disséminées un peu partout sur le territoire industriel, dans le voisinage de la mer ou à une distance peu considérable, si on la compare à celle que l'on trouve en France. Des voies ferrées nombreuses partent des houillères anglaises et assurent les transports dans un délai très court, sans amener l'encombrement. Dans le pays de Galles et à Glasgow, en Écosse, le transport des houilles se réduit pour ainsi dire à une simple manutention d'usine.

En ce qui concerne les minerais, l'Angleterre possède, notamment dans le Cleveland et dans le Cumberland, sur le bord de la mer, deux centres d'approvisionnement très importants, très considérables ; le premier fournit des minerais phosphoreux très convenables pour la production des fers à bon marché, et le second fournit des minerais hématites, très bons pour produire économiquement des fontes à acier à traiter par le procédé Bessemer.

Le transport des minerais anglais aux hauts fourneaux et aux forges qui les traitent est peu considérable, puisque ces usines sont elles-mêmes sur le bord de la mer, assez voisines des mines de fer.

D'ailleurs ces usines sont aussi très bien placées pour recevoir à un prix relativement très bas les minerais de la Méditerranée et surtout ceux de Bilbao (Espagne) dont le prix est descendu depuis quelques années au prix de 7 francs à 9 francs par tonne sous vergues au port d'embarquement sur la rivière de Bilbao. Le prix de transport jusqu'aux usines anglaises ne dépasse guère 6 schellings, c'est-à-dire 7 à 8 francs par tonne.

Enfin, en Angleterre, les transports jusqu'aux usines sont favorisés par l'existence de rivières à marées, profondes et navigables, dans lesquelles les bateaux de mer peuvent souvent remonter jusqu'au lieu de déchargement.

Pour compléter l'examen comparatif succinct que nous faisons, nous devons ajouter que les transports sur les chemins de fer anglais se font souvent à des tarifs kilométriques plus élevés qu'en France, parce qu'ils s'exercent sur de plus faibles longueurs.

Nous pouvons admettre qu'en moyenne, les frais de transport grevant en Angleterre le prix de revient d'une tonne de fer ordinaire, s'élève à 15 francs pour le transport des minerais, des houilles et cokes et des autres matières premières, depuis leur lieu de production ou d'extraction jusqu'à l'usine métallurgique qui, en Angleterre, se trouve le plus souvent sur la même rivière que le marché ordinaire de vente. Les frais de transport s'élèvent de 30 à 35 francs par tonne d'acier laminé. Ces frais comprennent le transport des minerais depuis la mine anglaise ou étrangère. Pour établir ces moyennes, nous avons considéré le Cleveland, le Staffordshire et Glasgow pour le fer, et le Pays de Galles, Barrow in Furness, Le Cleveland et Sheffield pour l'acier.

Considérons maintenant quelle est la situation *en Allemagne*, ou plutôt dans le bassin de la Rühr en Westphalie, dont la production métallurgique et minière représente plus de la moitié de la production totale de l'Allemagne du Nord.

Les houilles n'ont qu'un faible transport à supporter pour arriver à l'usine avec laquelle la fosse à charbon se trouve le plus souvent reliée par une voie ferrée spéciale. Le bassin houiller est sillonné d'ailleurs par trois lignes de chemin de fer concurrentes qui permettent aux produits du bassin de se rendre rapidement et à bas prix aux lieux de consommation.

La Westphalie n'est pas aussi riche en minerais qu'en houilles ;
cependant, non loin du bassin carbonifère, on trouve des richesses
minières importantes, parmi lesquelles on ne peut passer sous silence
les minerais carbonatés manganésifères du pays de Siegen qui sont très
propres à la fabrication des spiegeleisen, et les hématites de Nassau. De
plus, le bassin houiller lui-même renferme, principalement au nord, des
minerais phosphoreux, carbonatés ou peroxydés, que l'on exploite sur
une assez grande échelle.

La Westphalie consomme pour la fabrication de l'acier, une grande
quantité annuelle, environ 300,000 tonnes, de minerais de la Méditerranée, de l'Algérie et de Bilbao, qui arrivent à Rotterdam pour remonter
le Rhin jusqu'à Rührort et Duisbürg. Le transport par eau se fait aussi
quelquefois par le port d'Anvers. Le prix de ce transport, depuis la mer
jusqu'à l'origine du bassin, ne dépasse pas 3 à 4 francs par tonne et
descend au-dessous de 3 francs par Rotterdam. On arrive à cette
conclusion, que les usiniers de Westphalie reçoivent leurs minerais
méditerranéens à meilleur marché que nos usines de la Loire et du
Creuzot ; les minerais de Bilbao arrivent avec moins de frais chez Krupp,
à Essen, que dans nos aciéries du département du Nord.

Cela tient à ce que, d'une part, les frets sont très peu élevés pour
Rotterdam, et d'autre part, ce port se trouve relié au bassin houiller et
métallurgique par une voie navigable de premier ordre, le Rhin.

Jusqu'à ces dernières années, l'Allemagne a été tributaire de l'Angleterre pour les fontes Bessemer venant du Cumberland et pour les
fontes de moulage venant de Cleveland ou d'Écosse. Les fontes entrent
par Rotterdam et par Anvers et payent par eau jusqu'à Rührort de
3 à 4 francs par tonne (chargement de 400 tonnes). Par chemin de fer,
le prix d'Anvers est de 7 fr. 50 pour Rührort, et de 8 fr. 40 pour
Bochum qui est le centre du bassin métallurgique.

Nous pouvons admettre que les frais de transport des matières premières en Westphalie, depuis leur lieu d'extraction jusqu'à l'usine, sont
les suivants :

Par tonne de fer ordinaire. . . .   25 francs.

Par tonne d'acier laminé . . .   50 francs.

En France, les frais de transport grèvent d'une plus forte somme le
prix de revient d'une tonne de fer ou d'acier. Cela tient à l'éloignement
des mines de houilles et des usines de fer, et à la grande distance de la

mer à laquelle se trouvent nos principales usines métallurgiques, c'est-à-dire le groupe de la Loire, le Creuzot et les autres usines du Centre, et enfin les usines du Nord et du Nord-Est. Les frais sont surtout élevés pour les minerais destinés à la fabrication de l'acier, qui ont à supporter un transport de 250 à 300 kilomètres, et même bien davantage s'il s'agit des usines du Centre, puisque les minerais proviennent principalement de l'Algérie, de la Méditerranée, des Pyrénées et de Bilbao.

En faisant le compte pour les trois centres métallurgiques principaux qui viennent d'être cités, on trouve que les frais de transport grèvent une tonne de fer français d'environ 35 francs, une tonne d'acier de 72 francs en moyenne. Ces frais comprennent, non seulement, les frais de transport des matières premières, depuis leur lieu de production ou d'extraction, mais aussi le transport du produit fini pour l'amener à la gare la plus voisine ou sur le quai d'embarquement tout voisin de la forge. C'est dans les mêmes conditions que nous avons évalué les frais en Angleterre et en Allemagne.

Pour les fontes moulées, les frais de transport peuvent être considérés, dans les trois pays, comme sensiblement les mêmes que les frais grevant les fers laminés ordinaires.

Nous avons maintenant tous les éléments pour chiffrer les excédents de frais de transport qui surchargent les prix de revient des neuf catégories de machines ci-dessus.

Ces surcharges sont les suivantes :

1° Par tonne de fer laminé ordinaire ou de fonte moulée.

Frais, fers français . . . . 35 fr.

— *fers anglais.* 15

____

Surcharge pour les produits français . . . . . 20 fr.

Frais en France 35

— *en Allemagne* 25

____

Surcharge pour les produits français . . . . . 10 fr.

2° Par tonne d'acier laminé.

Frais en France . . . . 72 fr.

— *en Angleterre* 32

— *en Allemagne* 50

La surcharge est donc pour les produits français de 40 francs par tonne d'acier par rapport aux produits anglais ; elle est de 22 francs par rapport aux produits allemands.

En appliquant ces surcharges aux quantités inscrites dans les prix de revient de neuf machines, nous avons été conduit au tableau suivant :

DÉSIGNATION DES MACHINES	SURCHARGES DE TRANSPORT			
	PAR RAPPORT AUX MACHINES ANGLAISES		PAR RAPPORT AUX MACHINES ALLEMANDES	
	Par machine.	En centièmes du prix de revient.	Par machine.	En centièmes du prix de revient.
Locomotive..................	970	2 %	500	1,1 %
Tender.....................	270	2,7	140	1,4
Générateur à bouilleurs........	375	4,4	187	2,2
Générateur tubulaire..........	384	3,2	192	1,6
Petite machine à vapeur........	184	2,6	92	1,3
Grosse machine à vapeur.......	1490	2,8	757	1,4
Pompe.....................	14	3,0	7	1,5
Petite machine-outil...........	32	2,0	16	1,0
Machine-outil ordinaire........	78	2,8	39	1,4

La surcharge des frais de transport pour les machines françaises est en moyenne de

2,8 pour 100 du prix de revient, lorsqu'on les compare aux machines anglaises.

1,4 pour 100 du prix de revient lorsque la comparaison se fait sur les produits allemands.

Les surcharges ci-dessus ne comprennent pas celles qui peuvent provenir du transport de la machine depuis les ateliers jusqu'au lieu de vente ; nous avons supposé dans les prix de revient que la livraison était effectuée aux ateliers du mécanicien-constructeur.

Elles ne comprennent pas non plus les transports applicables à la houille brûlée à l'atelier de mécanique ni ceux qui sont applicables aux dépenses passées par frais généraux, puisque nous n'avons fait compte que pour les métaux bruts entrant dans la construction des machines. Les surcharges ci-dessus pour frais de transport, sont donc des minima, et des grands minima.

Nous allons totaliser les surcharges qui frappent les machines françaises, en les exprimant en tant pour cent du prix de revient en France ,

1° Par rapport aux machines anglaises.

Désignation des Machines	Houille	Main-d'œuvre	Transports	Totaux
Locomotive......................	4,0	»	2,0	6,0
Tender.........................	5,6	»	2,7	8,3
Générateur à bouilleurs.........	7,5	»	4,4	11,9
Générateur tubulaire............	6,7	»	3,2	9,9
Petite machine à vapeur.........	4,2	»	2,6	6,8
Grosse machine à vapeur.........	4,0	»	2,8	6,8
Pompe..........................	4,5	»	3,0	7,5
Petite machine-outil............	3,0	»	2,0	5,0
Machine-outil ordinaire.........	3,8	»	2,8	6,6

La surcharge est en moyenne de 8 pour 100 pour les trois causes considérées.

Pour déterminer ce chiffre de 8 pour 100, nous n'avons pas tenu compte de la rémunération du capital que nous avons comprise, non pas dans le prix de revient, mais dans l'article alea et bénéfice.

La plupart des industriels, et avec raison, portent comme **Frais généraux**, l'intérêt payé au capital engagé, lequel intérêt est à proprement parler le salaire du capital; mais alors le chiffre des frais généraux dépasse la proportion de 90 à 100 pour 100 du prix de la main-d'œuvre que nous avons introduite dans nos prix de revient; il varie, en France, depuis 100 jusqu'à 130 pour 100.

D'autres industriels et la presque totalité des sociétés anonymes ont pour habitude de ne pas passer par frais généraux l'intérêt du capital, et de le confondre avec le chapitre « alea et bénéfice. » C'est dans cette hypothèse que nous avons raisonné en établissant les prix de revient.

Pour notre étude comparative, il est bon cependant de tenir compte de la différence de rémunération du capital dans les trois pays considérés. C'est en Angleterre que le capital est le moins rémunéré et c'est en Allemagne qu'il l'est le plus, parce que l'intérêt de l'argent est en raison inverse de son abondance, en vertu de la loi de l'offre et de la demande qui régit toutes les opérations commerciales.

Ceci nous amène à étudier l'importante question des *Frais généraux*, lesquels comprennent notamment les frais divers, les impôts, l'entretien et la dépréciation du matériel, machines-outils, etc.

En comparant les prix français et anglais, au point de vue des frais généraux, on trouve que ceux-ci sont moins élevés en Angleterre, non seulement parce que l'abondance des capitaux placés dans l'industrie anglaise est plus grande, mais aussi en raison de ce que les industriels en Angleterre ont des comptes d'amortissement de matériel plus anciens et plus forts qu'en France où il est d'usage de se retirer des affaires, lorsqu'on a fait une fortune grande ou petite, au lieu de les continuer pour les céder à ses héritiers ou plutôt à l'un d'eux ainsi que cela est d'un usage presque général en Angleterre.

La non-liberté pour le père de famille de disposer de son bien en faveur du plus digne de ses enfants et l'obligation que lui fait le Code civil de le partager entre tous, empêchent souvent la continuation de l'établissement industriel. Le père de famille préfère céder à un tiers ou mettre son affaire en société anonyme, plutôt que de laisser après sa mort, un établissement qui devrait être vendu, le plus souvent, pour établir les comptes de la succession. En Angleterre il n'en est pas ainsi. L'établissement industriel reste dans la famille, dont les membres moins favorisés s'expatrient pour représenter la maison de la métropole, et pour accroître ainsi ses affaires et son influence commerciale. Les maisons industrielles anglaises disposent donc de capitaux plus importants et elles peuvent plus facilement renouveler leur outillage, lorsque les progrès accomplis en font une nécessité pour lutter victorieusement contre la concurrence.

Or, nous l'avons dit plus haut, le travail aux machines-outils s'impose aujourd'hui. Il faut donc absolument que l'industriel ait à sa disposition un capital suffisant pour posséder un puissant outillage, pour l'entretenir et pour le renouveler de temps en temps.

Il y a d'autres raisons qui expliquent l'augmentation des frais généraux en France. C'est, d'une part, l'élévation des impôts, et ce sont, d'autre part, les charges qui résultent des institutions humanitaires (caisse des retraites, caisse de secours, avantages accordés pour favoriser l'épargne, etc.). Ces charges sont plus grandes qu'en Angleterre et en Allemagne. Dans le premier de ces pays, l'ouvrier s'adresse plutôt aux compagnies d'assurances ou aux associations, et l'industriel se charge rarement des frais de la nature de ceux que les grands industriels français s'imposent dans l'intérêt des ouvriers. Quant à l'Allemagne, les institutions humanitaires sont si peu répandues, que l'on songe à faire intervenir la loi.

Enfin une dernière raison explique pourquoi les frais généraux sont moindres en Angleterre, malgré l'élévation des salaires auxquels les frais généraux sont proportionnels, toutes autres conditions étant égales. C'est que les mécaniciens anglais fabriquent leurs produits sur de plus grandes quantités semblables, grâce à l'étendue de leurs relations commerciales et à la puissance de leur capital.

Pour toutes ces causes, les frais généraux sont plus grands en France qu'en Angleterre.

Or, les frais généraux entrent dans le prix de revient pour une proportion de 23 pour 100 environ, égale à peu près à celle de la main-d'œuvre. On peut très bien admettre que les frais généraux en y comprenant l'intérêt du capital engagé, sont de un quart à un cinquième moins élevés en Angleterre, ce qui représente environ 5 pour 100 du prix de revient.

La surcharge totale des produits français par rapport aux produits anglais est donc de treize pour cent en moyenne.

Voici le tableau général des surcharges pour les neuf catégories de machines dont la moyenne est de 13 pour 100 du prix de revient :

PAR RAPPORT A L'ANGLETERRE	Pour les trois causes premières.	Pour frais généraux.	Surcharge totale.
Locomotive.	6,0 %	4,8 %	10,8 %
Tender.	8,3	5,2	13,5
Générateur à bouilleurs.	11,9	3,0	14,9
Générateur tubulaire.	9,9	5,3	15,2
Petite machine à vapeur.	6,8	5,3	12,1
Grosse machine à vapeur.	6,8	5,0	11,8
Pompe.	7,5	4,6	12,1
Petite machine-outil.	5,0	6,0	11,0
Machine-outil ordinaire.	6,6	5,5	12,1

2° Par rapport aux machines allemandes

Désignation des Machines	Houille	Main-d'œuvre	Transports	Surcharge totale
Locomotive..........................	7.0	7.5	1.1	12.6
Tender............................	5.6	8.0	1.4	15.0
Générateur à bouilleurs...............	7.5	4 7	2.2	14.4
Générateur tubulaire.................	6.7	8.2	1.6	16.5
Petite machine à vapeur..............	4.2	8.2	1.3	13.7
Grosse machine à vapeur..............	4.0	7.8	1.4	13.2
Pompe............................	4.5	7.1	1.5	13.1
Petite machine-outil.................	3.0	9.3	1.0	13.3
Machine-outil ordinaire.....	3.8	8.5	1.4	13.7

La surcharge varie de 12,6 à 16,5 pour 100 ; elle est en moyenne de 14 pour 100, pour les trois causes analysées.

Il reste à tenir compte de la différence des frais généraux.

Les frais généraux se calculent généralement à tant pour 100 de la main-d'œuvre ; on admet donc qu'ils varient avec celle-ci ; donc si toutes les autres conditions étaient égales, les frais généraux seraient bien moins élevés en Allemagne qu'en France, puisqu'ils le seraient dans la même proportion que la main-d'œuvre. Mais les conditions ne sont pas égales.

Au point de vue des impôts que l'on passe en compte par frais généraux, les constructeurs allemands sont, il est vrai, privilégiés par rapport aux constructeurs français.

Mais d'autre part, il faut ne pas perdre de vue que les capitaux, étant moins abondants en Allemagne qu'en France, sont plus exigeants et grèvent davantage les frais généraux.

Nous avons réfléchi ; nous nous sommes renseigné autant que cela est possible en pareille matière et nous pensons que, somme toute, la dépense en frais généraux est moins élevée en Allemagne qu'en France, avec un écart qui nous paraît être de 1/10 au minimum ; mais nous ne sommes pas sûr de ce chiffre, comme nous le sommes pour les autres, donnés au cours de ce rapport.

Le prix de revient serait donc influencé de ce chef d'au moins 2 1/2 pour 100, moitié de la différence que nous avons trouvée pour l'Angleterre.

La surcharge totale des produits français par rapport aux produits allemands est donc de seize et demi pour 100 en moyenne.

Voici les chiffres de surcharge totale pour les neuf catégories de machines :

PAR RAPPORT A L'ALLEMAGNE.	POUR les trois causes analysées.	POUR frais généraux.	SURCHARGE totale.
Locomotive..........................	12.6	2.2	14.8
Tender..............................	15.0	2.4	17.4
Générateur à bouilleurs..............	14.4	1.4	15.8
Générateur tubulaire................	16.5	2.4	18.9
Petite machine à vapeur.............	13.7	2.4	16.1
Grosse machine à vapeur.............	13.2	2.3	15.5
Pompe	13.1	2.1	15.2
Petite machine-outil................	13.3	2.8	16.1
Machine-outil ordinaire.............	13.7	2.5	16.2

Les chiffres que nous venons de déterminer représentent des moyennes pour la France (Paris excepté).

Aussi peut-il se faire que certaines usines soient un peu moins grevées, de même que d'autres le soient un peu plus. Mais, dans tous les cas, les mécaniciens de Paris ont des charges plus grandes, tant au point de vue de la main-d'œuvre et des frais généraux, qu'au point de vue du transport des houilles.

IMPORTATION.

Les différences que nous avons déterminées par des chiffres établis avec le plus grand soin, et qui se traduisent par une moyenne de 13 pour 100 en faveur de l'Angleterre et par une moyenne de 16 1/2 pour 100 en faveur de l'Allemagne, ces différences, disons-nous, expliquent pourquoi certaines machines et appareils de provenance anglaise, allemande, ou belge, entrent en France malgré les droits de douane dont ils sont frappés à la frontière. (Traitement de la nation la plus favorisée.)

Voici les principaux de ces droits, correspondant aux machines dont les prix de revient sont plus haut.

Locomotive	9 fr.	les 100 kilog.
Tenders.	7 »	—
Chaudières à vapeur	de 8 à 12 »	—
Machines à vapeur	6 »	—
Machines diverses.	de 6 à 10 »	—
Machines-outils.	de 6 à 15 »	—
Machines de filature et de tissage.	5 »	—

Ces droits représentent :

Pour les locomotives		6 p. 100 du prix de revient.		
— tenders		8	—	—
— chaudières à vapeur		16	—	—
— machines à vapeur.		7	—	—
— machines diverses	de 8 à 10		—	— | Moyenne
— machines-outils	de 8 à 15		—	— | 10 p. 100
— mach. de filat. et tissage. .	de 4 à 6		—	—

En faisant la comparaison entre les droits de douane et les surcharges pour la France, on voit que :

1° Pour les locomotives il reste aux Anglais une marge de 5 pour 100 du prix de revient et aux Allemands une marge de 9 pour 100.

2° Pour les tenders, la marge est de 5 1/2 pour 100 pour les Anglais et de 9 pour 100 pour les Allemands.

3° Pour les chaudières à vapeur, la marge est insignifiante ; elle est à l'avantage des Français, vis-à-vis de l'Angleterre, 1 pour 100 ; entre les Français et les Allemands, on arrive à la même différence de 1 à 2 pour 100, mais en faveur des Allemands.

4° Pour les machines à vapeur, il reste aux Anglais une marge de 5 pour 100, et aux Allemands 9 pour 100.

5° Pour les machines-outils et pour les machines diverses, il reste aux Anglais une marge de 2 pour 100 et aux Allemands 6 pour 100.

6° Pour les machines de filature et de tissage, la marge est de 6 pour 100 en faveur des Anglais et de 11 pour 100 en faveur des Allemands.

Sur les marges en faveur des industriels anglais et allemands, ceux-ci doivent prélever les frais de transport depuis leur usine jusqu'aux lieux de vente en France ou plutôt jusqu'à la frontière française.

Ces frais de transport sont très variables, mais on est très près de la vérité en admettant comme moyenne, qu'ils représentent 2 pour 100 de la valeur des produits anglais et 4 pour 100 de la valeur des produits allemands.

En résumé.

Au point de vue de **l'importation en France** des machines anglaises, allemandes et belges, nous pouvons conclure que les constructeurs étrangers sont placés à peu près sur le même pied dans les trois pays, et qu'ils ont en leur faveur une marge qui est le plus souvent de 3 à 5 pour 100, à l'exception toutefois des chaudières à vapeur pour lesquelles la marge est en faveur des constructeurs français pour un quantum de 2 pour 100 du prix de revient.

Les droits de douane ne protègent donc pas suffisamment les mécaniciens français, puisque ces droits ne sont pas compensateurs au point de vue du prix de revient, c'est-à-dire tous bénéfices étant mis de côté.

EXPORTATION.

En ce qui concerne **l'exportation**, c'est-à-dire au point de vue de la lutte des quatre principaux pays industriels de l'Europe, sur les marchés étrangers, la France se trouve dans un état d'infériorité, que nous avons chiffré plus haut dans tous les tableaux que nous avons dressés.

Toutefois les chiffres trouvés doivent subir deux corrections.

1° Les constructeurs-mécaniciens français jouissent du **drawback**, c'est-à-dire qu'ils peuvent faire entrer en franchise des métaux bruts étrangers à charge de les exporter sous forme de produits fabriqués.

Le drawback apporte aux mécaniciens français un avantage qui peut être considéré comme égal aux droits de douane des métaux bruts (voir l'annexe), lesquels droits sont, par tonne :

>50 francs pour les fers laminés ;
>70 — pour les tôles laminées ;
>25 à 32 — pour les fontes moulées ;
>15 — pour les fontes en gueuses ;
>60 et 90 — pour les aciers.

En tenant compte des proportions de chaque métal entrant dans la composition des machines, les droits ci-dessus représentent, en moyenne, 35 à 40 francs par tonne qu'il faut mettre en regard du prix de revient pour en tirer le tant pour cent dont les constructeurs sont bonifiés par le drawback.

Le prix moyen de revient pour les neuf catégories étant de 92 francs les 100 kilos, et la bonification moyenne étant de 3 fr. 75, celle-ci représente 4 pour 100 du prix de revient. — Mais il ne faut compter que les trois quarts environ de cette bonification, parce qu'en fait les constructeurs ne peuvent profiter aujourd'hui du drawback que pour les trois quarts des matières entrant dans la construction des machines. Souvent même les industriels renoncent au bénéfice du drawback, dont l'exercice est accompagné de formalités trop grandes et soumis à des conditions souvent irréalisables.

La bonification est donc en définitive d'au plus 3 pour 100, qu'il faut déduire des chiffres de surcharge qui ont été déterminés.

2° Il faut faire le compte des **frais de transport** dans les quatre pays pour amener les machines depuis les ateliers de construction jusqu'à un port de mer fréquenté, car c'est surtout par la voie maritime que se font les exportations.

Ce compte des frais de transport est loin de tourner à l'avantage de la France.

En effet, en Angleterre, la situation est très favorable pour les transports ; nous en avons donné les raisons. Mais admettons que les transports de machines pour l'exportation se font par voie ferrée ; nous serons ainsi bien plus dans la réalité pour les machines, parce qu'on préfère payer un peu plus cher et arriver plus vite et plus sûrement au port d'embarquement d'où partent les paquebots à jours fixes. Il faut compter sur un transport de 7 à 9 francs seulement par tonne.

En Belgique, on se trouve dans des conditions semblables. Les frais de transport des machines jusqu'à Anvers coûtent dans les 7 à 8 francs, à raison d'environ 6 centimes par kilomètre et par tonne.

En Allemagne, on traite au prix ci-dessus pour descendre par eau jusqu'à Rotterdam, mais ne comptons que sur le chemin de fer, comme nous l'avons dit pour l'Angleterre. Les machines et les générateurs se transportent sur rails à raison de 6 centimes par wagon complet de 5 tonnes, et de 5 centimes par wagon de 10 tonnes. L'application du tarif de 6 centimes conduit, du bassin de la Rühr à Rotterdam ou à Amsterdam, à un prix moyen de 13 à 14 francs par tonne. Le prix est plus élevé pour les autres centres de production de machines allemandes qui sont, sauf exception, plus éloignés de la mer que le bassin de la Rühr.

Arrivons à la France. Le transport des machines jusqu'au port d'exportation est très élevé. Considérons les trois directions suivantes qui sont assez fréquentées pour l'exportation, de Paris au Havre, de Lille au Havre, et de Lyon à Marseille.

Paris au Havre (226 kilomètres). Les machines non emballées payent 28 francs par tonne, d'après le tarif spécial d'exportation n° 24. C'est du transport à 12 centimes par tonne kilométrique, si l'on retranche les frais accessoires (frais de gare et de manutention) qui entrent dans le tarif français pour 1 franc par tonne, quand le tonnage est de 4,000 à 5,000 kilos, et pour 1 fr. 50 sans condition de tonnage. Le prix du transport est augmenté de moitié pour les masses indivisibles de 5,000 à 8,000 kilos ; le prix devient double pour les masses de 8,000 à 10,000 kilos ; au delà de 10 tonnes la Compagnie n'est pas tenue de transporter.

Lille au Havre (354 kilomètres). Les machines non emballées payent 29 à 30 francs par tonne ; les générateurs payent 40 francs. Ce sont des tarifs à 8 centimes et à 11 centimes, avec une surtaxe de moitié en plus pour les masses indivisibles de 5,000 à 10,000 kilos.

Lyon à Marseille (353 kilomètres) ou Saint-Étienne à Marseille. Les machines non emballées se transportent à raison de 28 francs par tonne, avec une surtaxe de moitié pour les masses indivisibles de 5,000 à 8,000 kilos. Au delà de 8,000 et jusqu'à 20,000 kilos, la taxe devient à 15 centimes par kilomètre et par tonne au lieu de 7 centimes 1/2 qui correspondent au prix de 28 francs.

En résumé, les machines destinées à l'exportation payent en France un transport de 28 francs par tonne, et de 42 à 56 francs lorsque les machines ou les générateurs ont un poids supérieur à 5,000 kilos.

Ces prix sont beaucoup trop élevés et nous ne comprenons pas qu'il en soit encore ainsi. Aussi qu'arrive-t-il souvent pour les appareils mécaniques construits dans le département du Nord par exemple ? Ils prennent la direction de la Belgique et ils vont s'embarquer à Anvers (143 kilomètres), puisque le transport ne s'élève pour les machines et générateurs qu'à 8 ou 9 francs par tonne ; c'est un tarif à 6 centimes.

Ces machines n'ont même pas intérêt à aller s'embarquer à Dunkerque, port bien moins fréquenté et moins bien outillé, le transport de Lille à ce port (85 kilomètres), coûtant 9 fr. 50 à 11 francs, tarifs de 10 à 12 centimes, avec surtaxes pour les masses indivisibles.

Il résulte donc en définitive une nouvelle surcharge pour les machines françaises destinées à l'exportation. Les frais de transport (2 fr. 80 par 100 kilos), correspondent à 3 pour 100 du prix de revient (92 francs les 100 kilos). alors que ces frais ne sont que de 1 pour 100 en Angleterre et en Belgique et de 1 1/2 pour 100 en Allemagne pour la Rühr et 2 1/2 à 3 pour 100 pour les autres centres industriels.

Nous avons maintenant tous les éléments pour faire les deux corrections plus haut signalées. Les machines françaises destinées à l'exportation ont par rapport aux machines anglaises une surcharge de. . . . . 13 pour 100

A ajouter : Pour excédent de transport jusqu'au port d'embarquement . . . . 2 pour 100

Total . . . . 15 pour 100

A retrancher pour drawback. . . . . 3 pour 100

Reste en faveur des machines anglaises. . 12 pour 100

Les fabricants anglais se trouvent aussi favorisés à un autre point de vue. Les débouchés nombreux et considérables que l'Angleterre s'est assurée sur tous les points du globe, permettent à ses industriels de fabriquer leurs produits par grandes quantités semblables, ce qui est encore une cause d'abaissement du prix de revient non seulement pour les frais généraux, mais aussi pour la main-d'œuvre et pour l'achat des matières. Le travail au moyen des machines-outils en remplacement du travail à la main procure des avantages encore plus grands, lorsqu'il s'agit de pièces à répétition. Le chiffre de 12 pour 100 est donc un minimum.

Par rapport aux machines allemandes la surcharge est de.	16,5 pour 100
A ajouter : pour excédent de transport. .	1 pour 100
Total	17,5 pour 100
A retrancher pour drawback.	3 pour 100
Reste en faveur des machines allemandes.	14,5 pour 100

Nous avions donc raison de dire qu'au point de vue de l'exportation, la France se trouve dans un état d'infériorité très grande.

Est-ce à dire que le marché extérieur nous soit absolument fermé pour les machines ou appareils employés dans l'industrie ?

Non, cela n'est pas d'une façon absolue, parce qu'il y a un autre facteur que le prix, qui entre en ligne de compte pour un acheteur. Ce facteur, c'est le fini d'exécution, c'est la disposition spéciale de la machine qui la rendent ou plus économique ou plus propre à l'usage auquel elle est destinée. Dans ce cas, l'écart du prix sera plus grand que celui ci-dessus, lorsque la machine (la machine allemande par exemple), sera construite avec moins de soins, en y consacrant une main-d'œuvre moindre. Plus haut nous avons supposé la même main-d'œuvre en ne tenant compte seulement que du prix différent des salaires.

On conçoit très bien qu'un acheteur intelligent ait intérêt à acheter un peu plus cher, soit une machine à vapeur qui consommera moins de houille pour fournir la même force, le même travail qu'une autre machine moins chère, soit un appareil spécial à telle ou telle industrie qui permettra de fabriquer par jour un bien plus grand nombre de pièces avec une main-d'œuvre moindre ou même égale, ou qui permettra de fabriquer un produit supérieur.

Tel est le cas de quelques machines françaises et il faut bien qu'il en soit ainsi puisqu'elles ont remporté à l'exposition d'Amsterdam un succès éclatant qui est attesté par les hautes récompenses qui leur ont été décernées par le Jury international.

Néanmoins il aut faire quelques réserves pour certaines machines qui n'étaient pas représentées à l'exposition d'Amsterdam ou qui l'étaient d'une façon incomplète. Nous voulons parler, par exemple, des machines-outils à travailler les métaux, et des machines de filature et de tissage. Pour ces machines, certains constructeurs anglais sont supérieurs aux constructeurs français pour le fini d'exécution et pour l'ingéniosité de la disposition, de sorte que lesdites machines anglaises, ou tout au moins quelques-unes, sont à juste titre préférées, parce qu'elles rendent plus de services et parce qu'elles permettent de mieux fabriquer.

Mais, il ne faut pas l'oublier, le prix est le facteur le plus important ; c'est lui que l'acheteur met le plus souvent en première ligne. C'est donc le bas prix qui décide presque toujours du marché, à moins cependant qu'il n'y ait privilège par suite de brevet d'invention.

Dans ce cas, et c'est justice, l'inventeur se trouve à même de jouir de sa propriété pendant un certain nombre d'années, sans être inquiété par un constructeur mieux placé que lui au point de vue du prix de revient.

A ce propos, observons que la propriété industrielle n'est pas reconnue dans tous les pays dans les mêmes conditions, de sorte que l'inventeur ne peut se faire protéger partout, ou néglige de le faire parce que les charges sont trop lourdes ou les formalités trop grandes.

La France et l'Angleterre sont les deux pays européens dans lesquels ont surgi le plus grand nombre d'inventeurs ; c'est donc à elles que profiterait le plus, une législation uniforme et libérale au point de vue de la propriété industrielle internationale.

Enfin, il y a encore un cas dans lequel le constructeur deshérité pour le prix de revient, peut néanmoins arriver à obtenir telle ou telle fourniture. C'est lorsqu'il s'agit de faire une étude spéciale pour remplir telles ou telles conditions qui ne se sont pas encore rencontrées de sorte qu'il faut absolument, pour avoir la fourniture, présenter une combinaison mieux goûtée, c'est-à-dire plus ingénieuse et mieux étudiée sans être beaucoup plus chère.

Dans ce cas, la France est supérieure à les concurrents. Le personnel technique de ses industriels est plus apte à sortir victorieux de cette sorte de tournoi. La preuve n'en est pas à faire ; il suffit de se reporter aux grands concours (de travaux publics principalement) qui ont été ouverts en Autriche-Hongrie, en Roumanie, en Égypte, en

Espagne, en Portugal et dans d'autres pays. Toutefois l'Allemagne fait des progrès dans cette voie, grâce sans doute aux nombreuses écoles supérieures techniques dont elle a été dotée depuis quinze ans.

Nous avons terminé l'étude que nous nous sommes proposé de faire.

Nous croyons avoir fourni dans notre sphère des renseignements plus ou moins techniques qui ne seront pas inutiles, pensons-nous, à l'Administration du Commerce pour discuter les questions qui se rattachent aux traités de commerce et à l'avenir industriel et commercial de notre chère France.

A notre étude relative à la mécanique se joindront sans doute des études similaires pour d'autres industries.

La situation de la France au point de vue de la prospérité agricole et industrielle est loin d'être ce qu'elle était il y a quelques années encore. Il importe donc de se rendre compte des causes qui ont amené ou qui vont amener la diminution de la richesse publique. Quelques-unes de ces causes, comme l'invasion du phylloxera par exemple, sont bien faciles à voir, mais d'autres sont complexes et parmi elles nous rangeons celles que nous nous sommes efforcé de mettre en lumière au cours de cette étude.

Les tableaux de nos douanes accusent depuis quelques années une diminution de nos exportations en produits fabriqués, tandis qu'au contraire il y a augmentation à l'importation de ces mêmes produits. Il faut admettre, il est vrai, que les chiffres ne sont pas d'une exactitude rigoureuse tant au point de vue de la valeur des objets qu'au point de vue de la classification en produits fabriqués et en matières premières.

Mais si l'on rapproche le fait que nous venons de rappeler, de celui-ci : que chez la plupart de nos voisins et surtout en Allemagne, les exportations d'objets fabriqués ont augmenté au lieu de diminuer, on arrive à conclure qu'il faut absolument prendre les mesures nécessaires pour améliorer la situation de l'industrie et du commerce en France.

Ce soin incombe surtout à l'administration publique et à nos législateurs. C'est à eux qu'il appartient de rechercher résolument ce qu'il faut faire ou ne pas faire.

Quant à nous, nous ne voulons pas sortir du cadre que nous nous sommes tracé, mais néanmoins qu'il nous soit permis de clore ce rapport en formulant quelques vœux dont la réalisation serait, suivant nous, de nature à améliorer les conditions de l'industrie mécanique française.

Houilles. — Chercher un abaissement du prix des houilles en diminuant encore le prix du transport à grandes distances, c'est-à-dire en mettant toutes nos voies navigables à même de servir au transport des houilles comme les canaux du Nord.

Main-d'œuvre. — Éviter une nouvelle élévation de la main-d'œuvre ou même en rechercher l'abaissement, non pas en diminuant les ressources des ouvriers, mais en diminuant leurs charges qui sont véritablement trop élevées dans les villes.

Étudier le remplacement partiel des octrois par un autre impôt plus équitablement réparti entre tous les citoyens. Les droits sur certains objets de première nécessité sont trop forts et chargent outre mesure les travailleurs.

Intervenir auprès des compagnies de chemins de fer pour établir des tarifs de transport par abonnement à *prix très réduits*, matin et soir, pour les ouvriers. L'Angleterre et la Belgique sont entrées dans cette voie ; en France nous ne connaissons que la Compagnie d'Anzin qui y soit entrée sérieusement.

En Belgique, pour une modique somme par semaine ou par quinzaine, un ouvrier peut aller et venir rapidement à une distance de 15 à 25 kilomètres. Il est ainsi logé à bas prix et plus confortablement ; sa nourriture est plus saine, plus économique sans compter les autres avantages matériels et moraux qu'il ne trouve pas dans une grande ville. En habitant la campagne, l'ouvrier rangé arrivera assez rapidement à posséder une maison et à trouver au milieu de sa famille, des satisfactions et un bien-être qui lui font défaut dans une ville.

A ce point de vue, le réseau ferré métropolitain de Paris s'impose à bref délai pour le transport rapide et économique des ouvriers, en donnant la correspondance avec les tramways et les omnibus à certaines heures dans la semaine.

Encourager la participation des ouvriers aux bénéfices afin de les intéresser au succès. On arrivera facilement à produire moins cher et on réalisera l'union si désirable entre le capital et le travail, dont il existe déjà des exemples assez nombreux.

Transports. — Mettre le réseau des voies navigables en état de transporter convenablement les matières lourdes et de peu de valeur, comme les minerais, les houilles, les fontes et les fers. Installer sur les points de transbordement et sur les points de jonction avec les chemins de fer des appareils de chargement et de déchargement, suffisamment puissants, qui font défaut. Établir des tarifs à prix réduits au départ et à destination desdits points de jonction.

En un mot, créer une concurrence sérieuse entre les transports sur les voies ferrées et sur les voies d'eau.

Obtenir de toutes les compagnies de chemins de fer français, l'abaissement du prix de transport des machines, générateurs et bacs, à un taux uniforme de 5 à 6 centimes par tonne kilométrique comme en Belgique et en Allemagne.

Un premier pas dans cette voie à faire immédiatement devrait consister à transporter les machines non emballées aux prix actuels des machines emballées en supprimant la surtaxe énorme appliquée aux masses indivisibles, sauf à augmenter pour ces masses les frais de gare et de manutention.

Changer les délais de transport qui sont donnés aux compagnies et qui sont beaucoup trop longs.

L'absence de concurrence rend ces réformes urgentes, indispensables puisqu'on ne peut s'adresser à une autre compagnie de transport sur rails, comme cela arrive en Angleterre.

Diminuer les *impôts* qui frappent les industriels, les agriculteurs, les commerçants et autres travailleurs et augmenter par contre les impôts pour les oisifs, les spéculateurs et pour les rentiers qui n'ont pas atteint l'âge de la vieillesse. On améliorerait ainsi la situation de tous les travailleurs; on diminuerait le prix de revient et les capitaux se porteraient plus facilement vers l'industrie où ils sont indispensables pour lutter contre la concurrence étrangère.

Perfectionner, encore et toujours, l'*outillage* pour le tenir à la hauteur de celui de nos concurrents.

Développer nos relations d'outre-mer et créer *des débouchés nouveaux* pour nos produits.

Modifier les *articles 913 et suivants du Code civil* qui limitent la liberté en matière de donations entre vifs, et de testaments, lorsque le donateur ou le testateur ont des descendants ou des ascendants. Il faudrait limiter moins la liberté du père de famille, c'est-à-dire augmenter la quotité de biens disponible. L'industrie pourrait ainsi se continuer plus facilement de père en fils, ce dont nous avons fait ressortir tout l'intérêt au point de vue du prix de revient et du renouvellement de l'outillage. D'autres avantages résulteraient de la modification de la loi sur la portion de biens disponibles, mais par contre les objections et les inconvénients seraient nombreux. Ce serait s'écarter de notre cadre que de les examiner ici, de même que, voulant rester sur le terrain technique, nous n'avons pas recherché quelle influence, au point de vue politique ou social, pourrait avoir la modification que nous proposons en considérant seulement le point de vue industriel.

Dans nos *ports de commerce*, ou tout au moins dans les principaux, continuer l'amélioration des appareils de manœuvre, de déchargement et de chargement pour les mettre dans d'aussi bonnes conditions que le port d'Anvers et que les grands ports anglais.

Poursuivre les négociations entamées avec les gouvernements étrangers pour arriver à une législation uniforme sur la *propriété industrielle internationale.*

Continuer à développer les cours publics au Conservatoire des arts et métiers et *l'enseignement supérieur technique* à l'École centrale; donner à cette école des collections en machines et en modèles d'appareils industriels qui lui font absolument défaut. Lui donner aussi des laboratoires bien installés comme ceux de l'Allemagne, qui, depuis quinze ans, s'est imposée dans ce but des sacrifices d'argent considérables.

Améliorer *l'enseignement secondaire technique* donné par les Écoles d'arts et métiers qui ont déjà rendu de grands services.

Développer enfin *l'enseignement professionnel,* c'est-à-dire l'enseignement primaire technique, en créant sur plusieurs points du territoire des écoles d'apprentissage, de dessin, et des musées industriels et commerciaux.

ANNEXE

—

Produits métallurgiques.

Au cours de ce rapport, nous avons déterminé quelles sont les dépenses faites en France, en Angleterre et en Allemagne, pour la houille et les transports nécessaires à la production d'une tonne d'acier ou de fer laminés bruts.

Il y a une autre dépense qui présente aussi une différence dans les trois pays, c'est celle qui concerne les minerais.

En dehors de ces trois chefs de dépense on peut considérer que les différences ont peu d'influence sur les autres éléments du prix de revient des produits des forges et aciéries. Toutefois, il y a compte à faire pour les frais généraux et aussi pour la main-d'œuvre quand il s'agit de l'Allemagne.

Il est intéressant de totaliser les chiffres relatifs à la houille, aux minerais, aux frais de transport, aux frais généraux et à la main-d'œuvre afin d'en déduire les surcharges pour les produits métallurgiques français, et afin de vérifier, par conséquent, si les droits de douane sont ce qu'ils doivent être.

Pour la production du fer, on peut compter qu'il faut employer :

En France, 3,300 kilos de minerais coûtant 6 fr. 50 en moyenne à la mine.

En Angleterre, les minerais étant un peu plus pauvres, il faut employer 3,800 kilos valant 3 fr. 50 à 4 francs.

En Allemagne, 3,400 kilos à 5 francs en moyenne.

Pour la production de l'acier, les minerais ont partout la même richesse moyenne ; il faut en employer 2,200 kilos pour produire une tonne d'acier laminé. Le prix moyen à la mine est de 14 francs pour ceux qui alimentent les aciéries françaises et allemandes ; il est de 12 francs seulement pour l'Angleterre.

Voici un tableau récapitulatif des *dépenses dans les trois pays, en houille, en minerais et en frais de transport.*

Production du fer et de l'acier.

1° **Par tonne de fer laminé, qualité ordinaire.**	France.	Angleterre.	Allemagne.
	fr. c.	fr. c.	fr. c.
1° HOUILLE BRUTE.			
En France, 5 tonnes à 11 fr. 50..............	57,50		
En Angleterre et en Allemagne, 5 tonnes à 5 fr. 50.		27,50	27,50
2° MINERAIS.			
En France, 3,300 kilog. à 6 fr. 50.............	21,40		
En Angleterre, 3,800 à 4 fr.................		15,20	
En Allemagne, 3,400 à 5 fr.................			17, »
3° FRAIS DE TRANSPORT.			
En France...............................	35, »		
En Angleterre...........................		15, »	
En Allemagne...........................			25, »
	113,90	57,70	69,50
2° **Par tonne d'acier laminé, rails, etc.**			
1° HOUILLE BRUTE.			
En France, 4 tonnes à 11 fr. 50..............	46, »		
En Angleterre, en Allemagne, 4 tonnes à 5 fr. 50.		22, »	22, »
2° MINERAIS.			
En France, 2,200 kilog. à 14 fr...............	30,80		
En Angleterre, 2,200 kilog. à 12 fr...........		26,40	
En Allemagne, 2,200 kilog. à 14 fr...........			30,80
3° FRAIS DE TRANSPORT.			
En France...............................	72, »		
En Angleterre...........................		32, »	
En Allemagne...........................			50, »
	148,80	80,40	102,80

Nous avons supposé que la houille et les minerais étaient extraits et livrés sur le carreau de la mine. Nous avons donc laissé de côté les éléments du prix de revient des matières premières, pour en réserver l'étude aux ingénieurs qui s'occupent spécialement de mines.

Tirons une conclusion de ce qui précède en établissant quelles sont les surcharges pour les métallurgistes français.

Fers.

Par rapport aux métallurgistes anglais :

En France, les dépenses en houille, en minerais et en frais de transport sont de 113 90

  En Angleterre. 57 70

              Différence par tonne de fer. 56 20

A ajouter pour différence dans les frais généraux. 2 50

                                  58 70

Par rapport aux métallurgistes allemands :

        Dépenses en France. 113 90

        Dépenses en Allemagne. 69 50

        Différence par tonne de fer. 44 40

Il y a lieu d'ajouter pour différence dans la main-d'œuvre environ. . . . . 4 »

Pour différence dans les frais généraux. 1 25

                                  49 65

Aciers.

Par rapport aux métallurgistes anglais, les dépenses par tonne de produits laminés, rails, etc., sont les suivantes pour les trois chefs considérés :

        En France. 148 80

        En Angleterre. 80 40

        Différence par tonne d'acier 68 40

A ajouter pour différence dans les frais généraux. 3 35

                                  71 75

Par rapport aux métallurgistes allemands :

        Dépenses en France. 148 80

        Dépenses en Allemagne. 102 80

        Différence. . . . . 46 »

        Diminution dans la main-d'œuvre. . . 5 »

        Différence dans les frais généraux . . . 1 70

                                  52 70

Nous n'avons pas tenu compte dans notre étude du nouveau procédé basique de MM. Thomas et Gilchrist, pour la fabrication de l'acier et plus spécialement des rails d'acier. Les calculs ne sont pas faits dans l'hypothèse de l'emploi de ce procédé qui n'est pas encore entré dans la pratique courante des métallurgistes ayant à traiter des minerais phosphoreux.

En résumé les droits d'entrée en France sont protecteurs vis-à-vis des métaux bruts allemands. Toutefois les droits ne sont pas suffisants pour quelques produits spéciaux, pour lesquels il faut employer des fontes manganésées, dites *spiegeleisen*, qui sont à très bas prix en Allemagne. Mais il importe d'appliquer loyalement les droits et de ne pas considérer comme fers des produits fondus, c'est-à-dire des aciers, qui sont présentés à la frontière sous le nom de fers homogènes.

Mais en ce qui concerne les fers anglais et les rails d'acier anglais, les droits sont à peine compensateurs puisque :

Pour les fers, la surcharge pour la France est de 58 francs, alors que le droit est de 50 francs.

Pour les rails d'acier, la surcharge est de 71 francs, le droit étant de 60 francs.

En ajoutant les frais de transport jusqu'au port français, lesquels frais grèvent les produits anglais, on arrive à peu près à l'égalité.

En somme, les droits de douane ne protègent pas les métaux bruts français vis-à-vis de l'Angleterre, mais ils permettent de soutenir la concurrence en France.

Paris. — Imp. E. CAPIOMONT et V. RENAULT, rue des Poitevins, 6.